KETTENHERZLYRIK

ERIC WITTE

ERIC WITTE

Kettenherzlyrik

Bibliografische Information der Deutschen **Natio-nalbibliothek**: Die Deutsche Nationalbibliothek verzeichnet diese Publikation in der Deutschen Na-tionalbibliografie; detaillierte bibliografische Daten sind im Internet über dnb.dnb.de abrufbar. Die **au-tomatisierte Analyse** des Werkes, um daraus Infor-mationen insbesondere über Muster, Trends und Korrelationen gemäß §44b UrhG („Text und Data Mining") zu gewinnen, ist untersagt. Ausgabe 2024 © **Eric Witte**. **Verlag**: BoD · Books on Demand GmbH, In de Tarpen 42, 22848 Norderstedt. **Druck**: Libri Plureos GmbH, Friedensallee 273, 22763 Hamburg. **ISBN** 978-3-7597-6854-4

ÜBERSICHT

Es folgen die

GEDICHTE

E.W.

ABEND

Der Feuerball verglimmt
der Abend nun bestimmt
Nacht löst ihn ab
das Sonnengrab

Der Feuerball verglimmt
der Abend nun bestimmt
ruhig leichter Atem
in leichte Brust geraten

Der Feuerball verglommen
der Abend ist zerronnen
toter Nebel drückt die Welt
als der Morgen ward bestellt

der Feuerball verglommen
der Abend ist zerronnen
stechender Schmerz erdrückt
die Atmung nachts missglückt.

AUF EINER SCHAUKEL

Auf einer Schaukel
von Herbstwind bewegt
mit gefallenem Blick
das Kind umweht

Auf einer Schaukel
die Augen unbewegt
starren hinab
von Herbstwind umweht

Von einer Schaukel
aus der Seele hinab
Tropfen fallen
auf kleiner Füße nackt

Auf einer Schaukel
kein Schluchzen kein Weinen
starren nasse Augen
zu blaugrünen Beinen

Auf einer Schaukel
unbewegt
kalter Schmerz im Bauch
das Herz unbelebt

Auf einer Schaukel
vor aller Augen
und sieht Dich an
doch keiner will's glauben

Von einer Schaukel
sah es Dich an
musste wieder zurück
und was hast Du getan?

BLÜMELEIN

Blumenblüten
auf dornigem Stiele blühten

lassen sich berühren
oder ihre Wehre spüren

beschauen und bewundern
lässt das Blümlein sich gern

strahlend auf der Sommerwiese
aller Frühlingsliebe

prachtvoll wunderschön
wird durch viele Hände gehen

das Blümlein ohne Dornen
anschmiegsam doch unverdorben

legt mit dem Winde sich
wie ein sanfter Pinselstrich

streichelt leicht als Feder
die Seele immer wieder

lässt sich beschauen und bewundern
doch mehr nur ungern

junge Blumenblüten
nun auf ihrer Wiese blühten

das Blümlein
blieb allein

ließ sich beschauen und bewundern
doch pflücken ungern.

DAS ALTE SCHIFF

Das alte Schiff
unten in der Bucht
eine Expedition
hat es gesucht.

Die alten Masten
der gebrochene Rumpf
einst boten
den Gezeiten Trumpf.

Gespannt die Sinne
offen der Blick
der Erste betritt
der Balken Geschick.

Das alte Schiff
der dutzend Piraten
vermodert es riecht
lässt Schätze erwarten.

Bedrückende Luft
knarrende Tür
zum Kartenraum
verstaubte Ouvertür'.

Verwachsen und bedeckt
verstaubt und verdreckt
ein altes Fass
voll kostbarem Nass?

Ein verstaubtes Glas
vom Alter befreit
hält der Mann
am Fasse bereit.

Wie im Traum
mit verschwommenem Blick
füllt das Glas
kostbares Glück.

Ein goldener Duft
erfüllt das Schiff
vergangene Zeit
die Mannen ergriff.

Ein tiefer Atemzug
dem ersten Schlucke folgt
die Augen geschlossen
die Sinne voll Gold.

Die Brust sich senkt
Aroma und Glück
die Herzen umgarnt
die Herzen verzückt.

Das Aroma des Goldes
die Seele des Schiffes
vereint
vereint.

DER TIEFE WALD

Der tiefe Wald
verbirgt die Gestalt
der Dämonen
und der Mären

In dunkler Stille
pocht der Wille
der nachhause
in Geborgenheit führt

Doch kein Licht
auch schwaches nicht
zeiget sich
der kalten Haut

Aus der Erde
beginnt ihre Fährte
kaltes Fleisch
ein Herz beheizt

In den Hals
strömt es kalt
atmen schmerzt
betäubt die Brust

Das Herz pocht
schlägt und klopft
drückender Puls
herrscht im Kopf

Die zerrissenen Kleider
zerreißen immer weiter
und bedecken
ihren Leib nichtmehr

Erschöpfte Tritte
jeden ihrer Schritte
sie drängt
zu großer Eile

An ihrem Nacken
will es zupacken
eisiger Atem
der schwarzen Gestalt

Aus undurchsehbarer Nacht
verbanntes Schwarz gebracht
dämonische Macht
lodernder schwarzer Winde

Voll tödlicher Ängste
knarrende ächzende Tänze
Waldes Bäume
im nächtlichen Schlund

Nacht wird nächter
geschwärzt vom Schlächter
dunkelste Seele
Unheil grausamer Nacht

Stürzt wider Wille
im Flussbett Stille
kalter Schmerz
betäubt die Haut

Sie wird blasser
wo die Wasser
gefroren sind
leblos und starr

Ihre Augen geschlossen
wie Wachs gegossen
liegt sie
als schöne Figur

Kalte blasse Haut
als Gefängnis gebaut
das Grauen
gefriert ihr Fleisch

Schläft ein
ihr Herz allein
drückt langsam
kaltes schwaches Blut

Schwarzes Flussbett
alle Leben fesselt
der Höllenhund
unnachgiebig Herzen reißt

Unbemerkte letzte Kraft
im Herzen wacht
knapp entrinnt
der Schlachter blind

In dem Herz
glimmt von Schmerz
der Wille
der nachhause führt

Doch kein Licht
auch schwaches nicht
zeiget sich
der kalten Haut

Bedeckt von Mutterboden
ihre Hand erhoben
entgangen nun
dem Todeswächter

Aus der Erde
beginnt ihre Fährte
kaltes Fleisch
ein Herz beheizt …

E.W.

DIE VILLA 1

Ich sehe sie an, die Villa
hier schaudert es mich immer
das kalte graue Haus
auch bei Licht furchtbarer Graus

Von Waldes Vorhang verborgen
erzählen Märchen viele Sorgen
verwaist seit hundert Jahren
wollte Niemand je es wagen

Vor dem Wald nun stehe ich
sehe über mich
am Tage soll es sein
geh ich in dies Haus hinein

Der Weg erscheint nicht weit
doch Dunkelheit macht sich nun breit
der Tag längst noch im Zenit
mich anderen Mächten übergibt

Donnergrollen erschrecket mich
mit einem Schlag erschüttert's mich
heißer Puls trieb mich jetzt an
bis ich aus dem Wald entkam

Mein Leben warf ich weg von mir
den Tod befürchtete ich hier
zunächst verschwand der Weg
dann griff der Wald mich wie belebt

Heißer Körper, schwache Glieder
entließ der Wald mich wieder
viel zu lange war ich weg
im Wald verschollen und versteckt

Meine Hand fuhr mir zur Brust
schwer wie Blei wurd's mir bewusst
heiße Stiche tief im Bauch
ich hatte es nicht geglaubt

Meine Hände, verkrampft im Gesicht
fassen kann ich's noch immer nicht
kann es nicht begreifen
es nicht beschreiben

Das Martyrium dauerte an
als ich aus dem Wald entkam
war der erste Tag noch nicht vergangen
doch er ging vor Langem

Sehe ich zurück auf diesen Weg
der tot, der unbelebt
scheint er nicht weit, Meter nur
auf denen ich den Verstand verlor

Bis in die Knochen zitter' ich
Schockstarre ergriff mich
der Rückweg wär'
ohne Wiederkehr

So grausam sich dies Spiel entspinnt
spüre ich, dass es beginnt
einst für Märchen gehalten
hier finstere Mächte walten

DIE VILLA 2

Die alte Tür
steht vor mir
kalte feuchte Luft
dringt mir zur Brust

Zögernd legt sich meine Hand
auf des Türrings kupfernen Rand
Schwäche plagt mich plötzlich
meine Glieder schwanken ängstlich

Meine Augen zur Türe starren
erwarte ihr uraltes knarren
lehne mich gegen den Ring
auf dass ich in finstere Mauern eindring

Laut knallen die Scharniere
dass ich die Hörkraft fast verliere
langsam stemmt sich auf
mächtige Tür mit eiskaltem Hauch

Wo das Holz den Weg freigab
beschreite ich das Hoffnungsgrab
bittereinsam stehe ich hier
und stoß' den Ring an diese Tür

Durch das Inn're drückt sich
langsam unerbittlich
der dumpfe Schlag
den dieser Stoß freigab

Wie tausend Jahre unbewegt
war die Luft im Haus belebt
vom dumpfen Schall
und seinem langen Wiederhall

Ich gehe den ersten Schritt
wie auf ein altes Schiff
statt alte morsche Bohlen
auf staubig kalten Marmorboden

Den kurzen Flur entlang
wird es mir bang
kalte Luft so feucht
meine Haut bestreicht

Urplötzlich greift mich dann
todschrecklicher Donner an
diese Türe zugeschlagen
soll von allein sich haben?

EINE WOLKE

Es schiebt sich vor das Licht
eine Wolke und zerbricht

Nun zeigt sie ihre Innereien
und die Menschen schreien

Der Regen lässt sie brennen
sie fangen an zu rennen

Sie zeigen ihre Innereien
und sie schreien

Die Menschheit kocht vor Wut
kocht und brät im eigenen Blut

Erschrocken eine Handvoll Augen
schwitzen Tränen, könn's nicht glauben

Auf den Erdenball hinab
erblicken sie das Menschheitsgrab.

E.W.

ES WIRD HELLER

Es wird heller,
es wird wärmer,
die Sonne meine ich nicht,
Du weißt,
ich meine Dich.

E.W.

FERN

Ich sehe in die Ferne
in die schwarze dunkle Nacht
und sehe dort die Sterne
deine Augen sind wie sie gemacht.

FERN DER HEIMAT

Fern der Heimat
auf sandigen Pisten und Pfaden

Auf und ab
patrouillieren dort
der Heimat Soldaten

Schutz ihr Auftrag
zu bekämpfen ist Hydras Haupt
die im Lande der Wüste
die Menschen der Freiheit beraubt

Hydra das Tier
die Geißel des tapferen Recken
bereitet der Heimat Sorgen und Schrecken
bereitet der Heimat Kummer und Not
wenn sie sich wieder die tapferen Streiter holt

E.W.

FLAMME

Flamme auf dem Docht
nach den Sternen
greift

Zum Sternenzelte kroch
ihr flimmernder
Schweif

Heißer Strom der Nacht
in kalter Luft
erwacht.

FRÜHER ODER SPÄTER

Früher oder später
greift die Zange des Todes
und erstickt die Liebe
die unsterblich war,
Dann stirbt im Herzen
selbst die Lebenskraft
und nimmt die Hoffnung auf Erlösung
in ein kaltes tiefes Grab

GRILLEN ZIRPEN

Grillen zirpen
in der Nacht
Fackeln lodern
glimmende Glut
Füchse rufen
ihre Brut

Sterne funkeln
zwischen Wolken
Laubwald rauscht
kühlen Wind
Füchsin lehrt
ihr Kind

Stetes Summen
hin zum Licht
Wald verdunkelt
jeden Schein
Stille
hieße Pein.

GROßE ZIELE

Entfernte Sterne funkeln.

Sind sie nur Illusion?
Erreicht sie nur ein Astronom?
Sind sie zu weit für einen Geist?
Sind je nur andere zu ihnen gereist?

Nein!

HEILIGER GRAL

Rinnt der Bach
das Holz sich füllt.
Der Worte gleich
ein roter Teich.
Der rote Saft
es glänzend macht.
Den roten Schweiß
der Becher weiß.

Gierige Griffel
zum Schwafeln erhoben
den strahlenden Becher
zum Ego erkoren
betatschen und zeigen
der Glanz wär' sein Eigen.

Überlegte Hände
zum Denken als Stütz'
das geschundene Holz
als Beispiel genützt
begreifen und weisen
was rot ist auf Eisen.

Den strahlenden Becher
an die Lippen gesetzt
doch keinerlei Feuchte
die Lippen benetzt.

Den hölzernen Kelch
an die Lippen gebracht
Blut und Schweiß
einen Strom vollbracht.

Die gierigen Griffel
sie welken und sterben
worin nichts steckt
bleibt Verderben.

Die überlegten Hände
prächtig gedeihen
was hart und ehrbar geschaffen
wird Gott belassen.

HERZ IN KETTEN

Ein Herz in Ketten
nicht zu retten
glücklos und allein
ein Wärter schlägt drauf ein
das Zellengitter meterhoch
dringt ein Hoffnungsschimmer durch
erreicht das Herz in Ketten nicht
glänzt nur das Schlagzeug licht
ist kalt und feucht
blutbekeucht
schwingt starr, schlägt hart
das Herz vernarbt
die Wunden nicht
das Leben bricht
man schlägt drauf ein
glücklos und allein
nicht zu retten
das Herz in Ketten.

HERZBLUT

Mein lieber Schatz
ich träume von dir
jede Nacht
du bist mein Herz
und bist mein Blut
doch zündet nichts
auf dieser Glut

ICH DENKE AN DICH

Ich denke an Dich
mein Herz wird schwer
als wenn etwas zerbrochen wär'
wie einem Engel
den zarte Flügel tragen
möchte ich Dir behutsam sagen:
Dein Lächeln ist wie Sonne
Deine Augen ozeanblau
Dein Herz ist das schönste
Du die liebste Frau
in dunkler Nacht bist Du
der ferne Sternenhimmel
am helllichten Tage
meine Herzensfrage.

IM DUNKEL SCHIMMERT KERZEN-
SCHEIN

Im Dunkel schimmert Kerzenschein
von draußen leuchtet Blitz hinein
und Donner tönet obendrein

Im Dunkel leuchtet Kerzenschein
von draußen donnert, blitzt es fein
Nacht drückt ihre Lider ein

Aus Dunklem leuchtet Feuerlicht
von draußen stehen Menschen dicht
ihre Schreie gellen zu dem Licht

Feuer lodert, lacht und brennt
schlägt auf den, der zu ihm rennt
Es brennt! Es brennt!

Flammen wehren sich und mehren sich
stoßen tausend Funken ab von sich
Ein Höllensturm greift um sich!

Funken prasseln immerfort
Feuerhand greift jeden Ort
pustet alle sie wie Dampf hinfort

IM WINDE

Ein Blütenblatt im Winde rauscht
kalter Wind allein ihm lauscht
Blicke auf die Sonnenstrahlen
keine Antwort haben.

Die Sonne ist zu kalt weil fern
lässt Licht allein dem Blatt gewähr'n
Blicke auch als Sonnenstrahlen
keine Wärme haben.

Erkaltet fällt das Blütenblatt
und wendet sich der Sonne ab.

Ein Blatt im Winde rauschte
Wind allein ihm lauschte
Blicke auf die Sonnenstrahlen
keine Antwort gaben.

Die Sonne war zu kalt und fern
ließ Licht allein dem Blatt gewähr'n
Sonnenstrahlen
keine Antwort gaben.

IN EISIGEM WIND

In eisigem Wind
wo die Wasser gefroren sind
liegt glasig auf dem See
eine Decke mit weißem Schnee.

Gezeichnet wie wildes Glas so oft
klagt in ihr, eiskalt, ein Loch
wo eine gute Seele gehen sollt'
hat Wasser sich den Schnee geholt.

Ein Herz verkrampft im Todesstoß
der Schrecken fällt in diesen Schoß
zu Boden wirft das Leben sich
vertreibt ganz fahl die weiße Schicht.

Die Decke lässt keinen Ruf hindurch
gewährt nur den Blick der Furcht
zwei Hände fassen das Glas
von außen und von innen
der dunkle Tod ist nass.

IN MEINEN TRÄUMEN

In meinen Träumen
darf ich dich sehen
Deine Haare streicheln
Deine Hände nehmen.

In meinen Träumen
darf ich Dich spüren
Deine Lippen küssen
Deinen Hals berühren.

In meinen Träumen
darf ich dich umarmen
Deine Seele spüren
und es dir sagen.

IST WENIGER MEHR?

Ist weniger mehr?
Ist Bescheidenheit Ehr'?
Ist Berufung vermessen?
Soll man Begabung vergessen?
Ist Ehrlichkeit viel?
Heißt Lüge das Spiel?
Ist Freundschaft Illusion?
Ist Größenwahn des Erfolges Sohn?
Ist Gier Segen?
Wer wird selbstlos sich hingeben?
Kann Würde je Genüge tun?
Ist Bares nur der Lohn?
Zählt das Wort wie man es gab?
Oder gilt es nur noch laut Vertrag?

JEDE NACHT

Im dunklen Wald
eine Gestalt
im nassen Tau
und ihre Haut ist Grau
Sie will nicht von uns gehen
ich sehe sie jede Nacht dort stehen

In feuchter Angst
dem Herzen bangt's
will ich nicht zu ihr gehen
mein Herz fängt an zu flehen

Ich gehe einen Schritt nach vorn
und habe sie aus dem Aug' verlor'n
mein Herz klopft gegens Kinn
als wenn ich am Sterben bin

Sie streckt ihre Arme aus
ich spüre ihren kalten Hauch
mein Blick schreckt ihm entgegen
wie konnte sie sich wegbewegen

Ich gehe wieder hin zu ihr
bis in die Knie graut es mir
habe sie noch nicht erblickt
heute erscheint sie nicht

Plötzlich greift Schockstarre platz
ihre Augen sind groß und schwarz
meine Lunge luftentleert
als der Schrecken in mich fährt

Ich versuch' sie zu umgehen
und habe sie nichtmehr gesehen
als ich aus dem Wald entwich
schaudert's mich

Mit heißem Fackelschein
trau mich in den Wald hinein
noch ein Tuch um's Holz gewickelt
heller Schein sich mir entwickelt

Ich schwenk den Knüppel hin und her
komme ganz bestimmt ihr näher
doch leuchtet nur was vor mir steht
hinterm Schein die Schwärze lebt

Dort leuchten Augen hell und klein
werden Wölfe doch nicht sein
mit der Fackel zeige ich
und suche Spuren in dem Licht

Mein Pelz wird heiß
mir läuft der Schweiß
eiskalt schlägt's in meine Glieder
schlage tausend Funken nieder

Rote Peitschen brennen und schlagen
in meinen nassen Kragen
ringsherum umreitet mich
die Feuersbrunst und greift um sich

Sie beißt mich überall
das Gehölz bricht mit lautem Knall
das Feuer lodert lacht und brennt
es greift nach mir der von ihm rennt

Ich fliehe durch die schwarze Tür
in dem Flammenvorhang hier
meine Haare werden Dampf
in diesem Höllentanz

Endlich von dem Brand entfremdet
meine Augen sind geblendet
spüre ich dass ich noch lebe
und ich weine und ich bete

Ich halte meine Fenster nun geschlossen
Kerze und Kamin sind auch erloschen
wische Schweißperlen ab von mir
bin einsam hier

Bin übermüdet und erschöpft
hab mein Nachthemd zugeknöpft
in den trüben Spiegel sehe ich
werfe mein Deckbett über mich

Ich wünsche mir zu jeder Nacht
der Albtraum lässt von mir bald ab
doch mein Leid ist nicht der Spiegel bloß
meine Haut so grau, meine schwarzen Augen
groß

JUNGES BLUT

Junges Blut und rege Tapferkeit
mit betrübtem Wagemut stehen alle sie bereit.

Der Abschied ist genommen,
die Testamente sind gemacht.

Das Kommando hat gerufen,
die Schirme sind gepackt.

Tausendmal den Fall geübt,
tausendmal den Sprung erprobt,
tausendmal den Schwur geschworen
und tausendmal dem Volk gelobt,
tausendmal den Schuss geschossen
und tausendmal den Tarn gepflegt.

Und alle Herzen spüren beklommen,
woran in dieser Welt ihnen liegt.

KLEINE FENSTER ZITTERN

In einem Fensterrahmen klapperig
stehen Fenstergläser wackelig
der Wind schlägt auf sie ein
und haut sie fast entzwei

Im Kamin flimmert Glut
ihre Wärme tut dem Holze gut
und in den Schornstein
greift der Wind hinein

Bricht der Rahmen
in dem Licht
hält der Teufel
sein Gericht

Die kleinen Fenster zittern
der Wind lässt sie gewittern
das Holz zerfällt in Splittern
grollt wie Hufenschlag von Rittern

Der Kamin zieht kräftig Luft
der Brand seine Erholung sucht
und mit voller Lunge flucht
das Feuer in den Raum die Glut

Bricht der Rahmen
in dem Licht
hält der Teufel
sein Gericht

In einem Schlag zerbricht die Wand
wo der Fensterrahmen stand
das Haus verbeugt dem Sturme sich
als das Feuer es von innen bestrich

Da fährt hinein der lodernde Stier
er will zu seinem Schuldner hier
nun treibt er ein die Menschenseele
da sein Knechte sich fortstehlte

Bricht der Rahmen
in dem Licht
hält der Teufel
sein Gericht

Dem Schuldner dies schon länger graut
in der Hitze schmilzt die Haut
das Feuer ihm den Pelz abkaut
im Herz das Blute kocht und braut

Der Satan greift nach seinem Pfand
und streckt nun aus die rote Hand
greift in's Leere und erkannt'
dass er die Seele hier nicht fand

Bricht der Rahmen
in dem Licht
hält der Teufel
sein Gericht

Er schleudert den jammernden Aschehaufen
lässt sein eigenes Blut ihn saufen
und es donnert seine kochende Wut
in des Schuldners einstigem Gut

Die Schuld hat er nun abzutragen
der Zahltag war so fern in jenen Tagen
als sie sich vollkommen sahen
als sie ihre Demut gaben

Bricht der Rahmen
in dem Licht
hält der Teufel
sein Gericht

Ich klage ihn an
dich, den verfluchten Schandenmann
dich, den kleinen Miktierer
den verfluchten Moralkrepierer

Als du Herr warst über andere
hieltest du ihnen vor die Schande
die sie oder nicht begangen hatten
wusstest jeden zu ertappen

Bricht der Rahmen
in dem Licht
hält der Teufel
sein Gericht

Du tatest mir die wahren Dienste
warst von alle denen mir der liebste
denn was dein Werke war
ist die eigentliche Gefahr

Jede Wahrheit wahrer wissen
dass konntest du für wahr beflissen
wähntest dich mir doch nicht nah'
was dachtest du, was dir geschah

Bricht der Rahmen
in dem Licht
hält der Teufel
sein Gericht

Beim Hetzerfall warst du parat
umgingest beflissen den großen Senat
viel beschrien war diese Tat
doch gab's ganz andere unbetagt

Da waren die anderen deinesgleichen
die gingen über Kinderleichen
und in den kleinen Sarg aus Eichen
ließest du den letzten Zeugen weichen

Bricht der Rahmen
in dem Licht
hält der Teufel
sein Gericht

Die Ordnung deine Wertekarte
war eine von den Menschen separate
verklüngelte verschwägerte Garde
verklebte Kumpaneiensparte

Beflissentlich euch selbst gesäugt
mit Postenschacherei gar liebgeäugt
unter euresgleichen stets erfreut
habt ihr munter mir das Recht verbeugt

Bricht der Rahmen
in dem Licht
hält der Teufel
sein Gericht

Wann sind wir zusammengekommen
wann hat euer Amt begonnen
wann hast du Allmacht dir ersonnen
als die Schwachen gegen dich nichts konnten

Konntest ein Gesetz nicht übergehen
nanntest du es Redaktionsversehen
auch was im Gerichtssaal war geschehen
konnte nie ein anderer sehen

Bricht der Rahmen
in dem Licht
hält der Teufel
sein Gericht

Nun hast du dich vor mir versteckt
und hast dich vor dir selbst erschreckt
der du nun vor dir selber stehst
und um jede Krume flehst

Vor den Schöpfer kommst du nicht
vor dem was dir naht graut selbst dieser sich
vor den Schöpfer wirst du nicht kommen
es ist dir anderes ausersonnen

Bricht der Rahmen
in dem Licht
hält der Teufel
sein Gericht

Den Rahmen den dir die Gesetze gaben
brachest du in jenen Tagen
in der Öffentlichkeit der Verfahren
vor den Augen die ihr Licht dir gaben

Ich halte dir nach deinem Maße
nach dem Recht deiner Erlasse
dein Gericht das Rahmen bricht
und leiden wirst du ewiglich

Hält der Teufel
sein Gericht
bricht der Rahmen
in dem Licht

MONDLICHT SCHEINT

Mondlicht scheint
durchs Blätterdach
leise weint's
am glitzernden Bach

schwarze Welten
werfen Baumeskronen
auf feuchten
moosbewachsenen Boden

kalte Stämme
unter feuchten Rinden
bilden Wände
es nicht zu finden

endlose Tiefe
Wald ohne Ende
zerschlissene Stiefel
erkaltete Hände

tiefe Schwärze
tief im Wald
eine Kerze
liegt eisekalt

Windhauch zieht
durch dunklen Forst
Nebel liegt
auf diesem Ort

E.W.

NACHT IST SCHWARZ

Die Nacht ist schwarz.
Die Nacht ist hell.
Die Sonne warm.
Die Sonne grell.
Die Neiße fließt.
Die Neiße reißt.
Der Mond scheint.
Der Mond weist.
Das Feuer brennt.
Das Feuer wärmt.
Das Tierreich lebt.
Das Tierreich lärmt.
Die Erde ist Dreck.
Die Erde ist Leben.
Das Land platt.
Das Land eben.

NEBEL

Nebel, Tau der Luft
liegt auf dem Moor
wie ein Fluch

Schritte in der Nacht
auf nassem Grund
haben sie gebracht

Im Morast
tiefe Spuren
ihrer Last

Über Nebel Mondenschein
zeigt den Weg
sie kam allein

Durch Ast und Dornen
den Weg zurück
hat sie verloren

Im Morast
tiefe Spuren
ihrer Last

Der Mondschein spricht
komm zu mir
komm zum Licht

Schritte in die Nacht
auf dem Moor
fiel ab die Last

Im Morast
ihre Spur
verblasst.

E.W.

NUR DER MOND SCHAUT ZU

Sanft eingewickelt
im kleinen Federbett
mit tropfendem Näs·chen
zu nächtlichem Schläfchen

Das Kind schläft
im kleinen Federbett
unterm Fenster in Ruh'
der Mond schaut ihm zu

Die kleinen Füße kalt
sind unbedeckt
unterm Fenster in Ruh'
der Mond schaut ihm zu

Das Näs·chen es tropft
das Federbett rot
trotz blaugrüner Beine
ließen sie es alleine

Das Kind in Ruh'
eine Schaukel verwaist
der Mond sah ihm zu
und hat es beweint.

ODER BEI NACHT

Unter dickem Nebel,
Wasser zieht seine Bahn.
Kein anderes Ufer,
die Nacht zeigt ihren Bann.
Silhouetten im Dunkel,
pechenschwarzes Baumgeäst.
Kein Horizont,
das Gespiel entstammt dem Nebelfest.

SCHATTEN TANZEN

Schatten tanzen
mit dem Licht
eiskalter Windhauch
löscht es nicht

Fahle Wände
graue Zellen
kann die Flamme
nicht erhellen

Eises Klirren
kalter Docht
der Kerzenschaft
zerbroch

Leises Klirren
durch alle Räume
schluckt Totenstille
alle Träume

Schatten tanzen
ohne Licht
eiskalten Windhauch
führen sie mit

Dunkle Räume
schwarze Schatten
in toter Stille
allein' gelassen

Eises Klirren
kalte Hand
bist hierher
verbannt

Leises Klirren
durch alle Räume
schluckt Totenstille
alle Träume

Fahle Wände
fahle Haut
in toter Stille
einsam vergraut

Eises Klirren
kaltes Kratzen
schwarze Ratten
schmatzen

Leises Klirren
durch alle Räume
schluckt Totenstille
alle Träume.

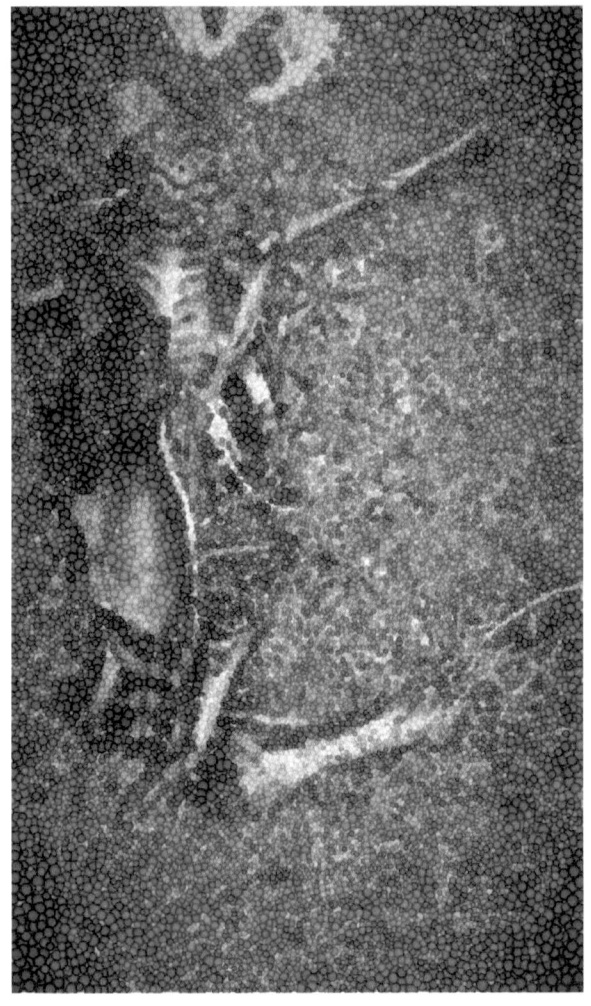

E.W.

SIEHST DU NICHT?

Siehst Du nicht hier diese Zeilen
sie möchten in Deinem Herz verweilen
die Wärme ihrer Liebe geben
Dich mit sanfter Zärtlichkeit umweben.

Spürst Du denn die Seele nicht
die einfach nichtmehr von Dir wich
die Deinetwegen Leiden trägt
Dein in ihrem Herzen hegt?

Lese diese Verse leis‘
sie seien dir Verheiß
frage nicht nach ihnen
der sie gab will Deinem Herzen dienen.

Fühlst denn Du die Wärme nicht
bist dieser Zeilen Licht
bist ihnen Engel, bist ihr Stern
bist selbst nah ihnen viel zu fern.

SITZT ER HIER

Sitzt er hier und will ein Bilde
mittels Sprachenkunstgebilde.

Will es malen und verfeinern
möcht' den Eindruck bunt umkleidern.

Reißt die Arbeit ihn von weg
sammelt diese Zeilen im Eck.

SOMMER

Meeresrauschen
grüne Gischt
Laub beleuchtet
Sonnenlicht

Glutglimmen
kahler Herd
Sonne verbrennt
die Erd'

Nachtenskälte
funkelndes Zelt
aus Baumeswipfeln
fällt.

STERNE STEHEN BEISAMMEN

Die Sterne stehen beisammen
sie funkeln in der Nacht
der Mond steht über allem
bescheint die Flur, hält Wacht

Sternenbilder prangen
aus tiefem Raum empor
der Mond wird sie nicht bannen
schließ niemals dieses Tor

Steigt die Sonne auf,
das zarte Werk zerbricht
im strahlenden Verlauf
ist alles andere nicht.

STRESS

Klopfende Brust
hämmerndes Schlagen
klopfender Puls
würgender Kragen

Bassdruck im Kopf
pulsende Schläfen
Nasenblut tropft
aus schwachen Gefäßen

Kalter Körper
eiskalter Schweiß
stotternde Wörter
zitternder Leib

Atemzug stoppt
die Würge
verhauchte Luft
schwerer die Bürde

Liegt nieder
gerissener Film
geschwächte Glieder
Schlag im Hirn

Angstvolle Augen
Termine sind Luft
wollt es nicht glauben
der Tod hat's versucht

Marschierende Schläge
Klappen zerschlagen
blockierte Wege
im Herzbluthafen

Fahle Haut
Atem verschwindet
schmerzender Bauch
plötzlicher Schwindel

Angstvolle Augen
Termine sind Luft
wollt es nicht glauben
vom Tod heimgesucht

STUFE ALLER ZEITEN

Die Stufe aller Zeiten. Nach ihr sollten
sich die Dinge leiten. Wie bestimmen
die Gezeiten ihre Position im Raum? Sie
bestimmen alle samt den Ursprung sich
und dessen, was schier ewiglich die Sai-
ten der Geschichte strich.

So ist…

Schweig! Tue richtig und lausche Din-
gen, die niemand schreit. Im Augenblick
ist nur der Eine, der seine eigene Leine
führt, von den seinen – allen anderen –
unberührt. In der Szenerie sind auch die
ander'n, die an dem großen Halsband
wandern, an dem großen Band welches
die Vernunft erfand und dem nach au-
ßen alle sie genügen wollen. An dem der
jede Eine seine Leine soll entrollen. Von
dem Einen und dem and'ren nicht be-
rührt die Vernunft für alle ihre Feder
führt.

Doch nicht von selbst, wie käme sie dazu?

Höre endlich einmal zu. Doch mit dem
Einwand hast du recht. Es ist der An-
spruch, den der Vernünftige für alle hat:
Vom Tiere her zum Geistestum – nicht
anders herum.

Ich sehe die Stufe.

> Und dann folgt – was der Meiste nicht
> begreifen wollen sollt' – wie der durch
> alle Zeiten Gehende, auf alles je gewe-
> sene Sehende, das in Zukunft erst Ver-
> gehende, mit dem Maße des Vergange-
> nen, wird in Empfange nehmen.

WAS TREIBT SIE AN?

Was treibt Sie an, mein Herr? – nun sprich
verkannten lange Zeit Sie, nicht?

> Es ist, was Leben lässt und Leben gibt.
> Was Flammen bannt und Wärme liebt.
> Was Feuer lenkt und nüchtern bliebt.

Und auch den Sand uns aus den Augen rieb.

> Mit Wasser, Feuer, Erde, Luft
> gediehet ihr mit großer Lust.
> Die Augen waren euch klar
> und was im großen Himmel war
> erkanntet ihr – bei Nacht sogar.

Wer einsam war und Hoffnung sucht' hat in
den Sternen nach sich selbst gesucht.

> Nein! Ihr saht, was ihr wart:
> Vor dem Ursprung nichts und
> in klaren Wassern saht ihr
> euer Angesicht.

Wir waren was und wie wir waren und sind es
stets geblieben. Die Ahnen hat – wie alle ande-
ren – auch ein fraglich Ziele stets getrieben.

> Es sind nicht eure Eigenheiten,
> die euch gewiss auch hier noch leiten.

Alle Schuld die wir erkennen konnten stets wir auch beim Namen nennen und in Besinnung uns begreifend taten stets wir unsere Fehlungen kund.

> Es bist Du Beispiel für euch alle ander'n.

Die auf Eurem Streben wandern.

> Es ist dies, weshalb ich euch zu mir kommen ließ. Den Sand ließ ich nun von euch fallen. Doch habt ihr euch selbst zu sehr gefallen.

Was haben wir getan?

> Ihr tatet eure Fehlungen kund, doch was ihr nennt den Schuldbefund und die Besinnung die ihr tatet wollt ich niemals hören – seit ihr atmet. Selbstbetrug, was ihr betriebt. Habt euer selbst stets nur geliebt. Doch euer Leben und das Dasein fast niemandes Streben trieb. Aus den Augen fiel euch, was ich einst gab. Wer von euch dies noch erkannte wegen eurer Augenblickverhaftetheit, wie in and'rer Zeit im Feuer brannte.

So zeige er, der uns den Spiegel hält, wer dies war, der ihm gefällt.

Denen schenkte ich ein Leben, in dem
sie weiter nach der Zukunft streben.

Was tatest Du dann uns?

Ihr habt euch umgebracht,
den Erdenball zu Staub gemacht
und was ich euch nun gab?
Ich nahm den Sand aus euren Augen
und hier seid ihr nun für alle
Ewigkeit von aller Zukunft ganz befreit.
Es ist dies ein schlimmes Ende nicht.
Doch tatet ihr die Pflicht im Ganzen
nicht. So lebet ruhig in eurem Eigen-
sinn. Die Zukunft ist für euch dahin.

WEGE

Dämmerung die Landschaft pflegt
der weite Blick sich auf sie legt
ein müder Schritt die Erde dreht
einsam man die Wege geht.

Beklemmung sich im Herzen regt
in kühler Luft die Sehnsucht weht
das Glück in weite Ferne zieht
das Herz alleine weiterschlägt.

WELCHE WORTE

welche Worte sollen sprechen
welche Verse sollen klingen
welch ein Gedicht für Dich gelingen
wie soll ich es sagen
wie kann ich es wagen
wo doch das schönste Gedicht
Du
bist

WENN ROSENBLÄTTER WELKEN

Wenn Rosenblätter welken
und Laub zu Erde wird
hört alles auf zu denken
weil alles von Neuem wird

E.W.

WIE PLATT UND ROH

Wie platt und roh
die Menschheit dumme ist

so doof wie Stroh
und jeder Egoist

so war's
so bleibt's

kein As
begreift's

WOLKEN ZIEHEN

Wolken ziehen übers Land
alte Winde haben sie gesandt
bringen Wasser
spenden Schatten.

Ohne Winde ziehen sie nicht
doch ihre Winde sieht man nicht
sind alte Mächte
der Geschichte.

WOLKENVERHANGEN

Wolkenverhangen das Himmelszelt
ein Tropfen nass zu Boden fällt

Schwere Wolken bedrücken sich
verdecken die Sterne über sich

Kalter feuchter Wind
den Abend mit sich bringt

Müde sind alle Glieder
von all den Lasten immer wieder

Ein Tropfen heut' vom Himmel fiel
Tropfen nass von Herzen fielen

ZWEI HERZEN

An einen Eichenstamm
lehnt sie an
erinnert sich
was hier begann

In tiefer Dunkelheit
bitterlichem Leid
wimmert kümmerlich
in Einsamkeit

Zu Sternenlicht
sehnt sie sich
an diesem Platz
an dem ihr Herz zerbricht

Hier einten ihre Herzen sich
sie erinnert sich
weint bitterlich
ihre Liebe unsterblich

Was nun bleibt
sind zwei arme Seelen
die eine schon entleibt
die andere wird bald von uns gehen

TAUSEND HERZEN

Es pocht die Erde wie tausend Herzen
ein Windhauch löschte alle Kerzen

Durchstampft das Land von Ritters Schreiten
unzählige gingen hier, den Sieg zu bereiten

Übersäht von des Schicksals Aller Kür
sie taten's ihrer Freiheit für.

ENDE